¡HORA DE NATACIÓN!

por Brendan Flynn

BUMBA BOOKS™
en español

EDICIONES LERNER ◆ MINNEAPOLIS

Nota para los educadores:

En todo este libro, usted encontrará preguntas de reflexión crítica. Estas pueden usarse para involucrar a los jóvenes lectores a pensar de forma crítica sobre un tema y a usar el texto y las fotos para ello.

La traducción al español fue realizada por Annette Granat.

ediciones Lerner
Una división de Lerner Publishing Group, Inc.
241 First Avenue North
Mineápolis, MN 55401, EE. UU.

Si desea averiguar acerca de niveles de lectura y para obtener más información, favor consultar este título en www.lernerbooks.com

Library of Congress Cataloging-in-Publication Data

Names: Flynn, Brendan, 1968– author.
Title: ¡Hora de natación! / por Brendan Flynn.
Description: Minneapolis : ediciones Lerner, [2017] | Series: Bumba Books en español — ¡Hora de deportes! |
    Text is in Spanish. | "Título original: Swimming Time!"—T.p. verso. | "La traducción al español fue realizada por
    Annette Granat"—T.p. verso. | Includes bibliographical references and index.
Identifiers: LCCN 2016027595 (print) | LCCN 2016033597 (ebook) | ISBN 9781512428759 (lb : alk. paper) |
    ISBN 9781512429893 (pb : alk. paper) | ISBN 9781512429909 (eb pdf)
Subjects: LCSH: Swimming—Juvenile literature. | Swimming—Miscellanea—Juvenile literature.
Classification: LCC GV837.6 .F55 2017 (print) | LCC GV837.6 (ebook) | DDC 797.2/1—dc23

LC record available at https://lccn.loc.gov/2016027595

Fabricado en los Estados Unidos de América
1 — VP — 12/31/16

Expand learning beyond the printed book. Download free, complementary educational resources for this book from our website, www.lerneresource.com.

Tabla de contenido

Nadamos

Nadar es divertido.

Puedes nadar por tu cuenta.

O nadar puede ser un deporte

de equipo.

No necesitas mucho
para nadar.

Necesitas una piscina.

Necesitas un traje
de baño.

Algunas personas usan
gafas de natación.

Hay muchas piscinas cubiertas.

Las piscinas tienen carriles.

Cada nadador se queda

en su carril.

Te zambulles al agua.

Luego nadas a la otra punta.

Los nadadores compiten unos contra otros.

¿Por qué se zambullen los nadadores a una piscina?

Nadas hasta la punta de
la piscina y de regreso.
Esto se llama una vuelta.
Algunas competencias
duran muchas vueltas.

Se usan distintos estilos

en diferentes competencias.

Para la mayoría de los estilos,

apuntas hacia adelante.

A veces, se nada sobre la espalda.

Los jueces les miden
el tiempo a
los nadadores.
El nadador más rápido
es el ganador.

¿Cómo les
miden el tiempo
los jueces a los
nadadores?

Puedes ver un encuentro

de natación en tu escuela.

O puedes ver uno en la televisión.

¿Dónde más puedes ver a gente nadando?

Nadar es un gran ejercicio.

¡Es un deporte divertido!

Piscina

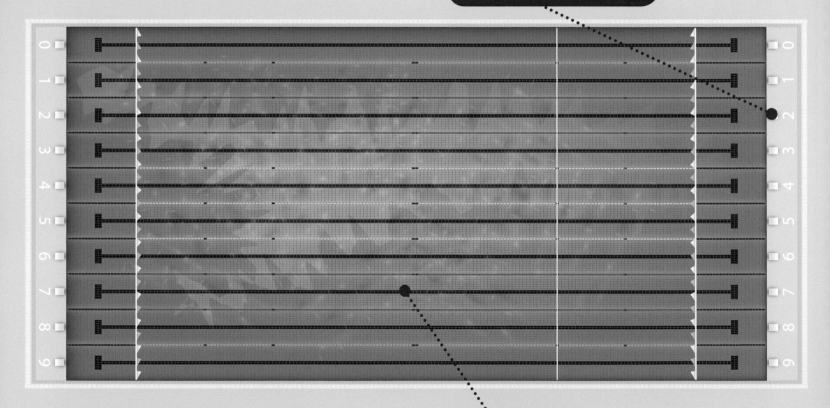

bloque de inicio

carril

Glosario de las fotografías

carriles

áreas donde se quedan los nadadores

estilos

ciertas formas de nadar

vuelta

nadar hasta la punta de la piscina y de regreso

zambullirse

saltar al agua con la cabeza al frente

23

Índice

Leer más

Gifford, Clive. *Swimming and Diving*. Mankato, MN: Amicus, 2012.

Nelson, Robin. *Swimming Is Fun!* Minneapolis: Lerner Publications, 2014.

Tieck, Sarah. *Swimming*. Minneapolis: Abdo Publishing, 2013.

Crédito fotográfico